हसरत

फुरकान अहमद

क्रम-सूची

क्रम-सूची

क्रम-सूची

प्रस्तावना

लेखक श्री फुरकान अहमद जी का जन्म 3 जून 1999 को उत्तर प्रदेश के सुल्तानपुर जिले में हुआ था। उनके पिता श्री नईम अहमद एक दर्जी हैं जो एक छोटी सी सिलाई की दुकान चलाते हैं और उनकी माँ एक गृहिणी हैं। उन्होंने अपनी प्रारंभिक शिक्षा खैरुल बशर इस्लामिक स्कूल से प्राप्त की और हाजी हनीफ इंटर कॉलेज से 12वीं की पढ़ाई पूरी की। उन्होंने कमला नेहरू इंजीनियरिंग संस्थान से सिविल इंजीनियरिंग की डिग्री प्राप्त की और वर्तमान मे सिविल इंजीनियर के तौर पर कार्यरत है।

श्री फुरकान अहमद जी को बचपन से ही लिखने का शौक था, बचपन से ही लेखक द्वारा अनेक कविताएं लिखी गई है और स्कूल के कार्यक्रमो में खुद की लिखी कविताएं भी पढ़ा करते थे। हनीफ इण्टर कॉलेज में कविता सम्मेलन में इनकी कविता के लिए इनको सम्मानित भी किए गया था इनको इनकी पहली किताब <u>सुकून</u> प्रकाशित हुई जो काफी कामयाब रही इस किताब मे लेखक श्री फुरकान अहमद जी द्वारा ज़िन्दगी, समाज, मोहब्बत, नफ़रत और गांव की ज़िन्दगी को काफी अच्छी तरह से अल्फाजों में पिरोया गया है।

भूमिका

"हसरत"

❧❧❧

हसरत अल्फ़ाज़ ही ऐसा है जो बयां करता है किसी चीज को देखने या पाने की चाह रखना किसी के ना मिल पाने का अफसोस होना, वो ख़्वाब जो तुम पूरा न कर सके हो, वो ख़्वाब जो पूरा करते करते रह गया हो, वहीं ख़्वाब हर दफा "हसरत" बन जाते है।

> "सब की हसरत अपनी अपनी जगह है,
> वालिदैन की हसरत बेटे का सेहरा देखना।
> आशिक को मोहब्बत को पाने की हसरत,
> लड़के को ज़िन्दगी में कामयाबी की हसरत,
> लड़की को अच्छा शौहर मिलने की हसरत,
> बूढ़े मां बाप को बच्चों से खिदमत की हसरत,
> सब की हसरत अपना अपना मुकाम रखती है।"

कभी कभी ज़िन्दगी ऐसे मोड़ पर लाकर खड़ा कर देती है जहां पे रोज़ मर्रे की चीज़ें भी हसरत बन के रह जाती है, कुछ हसरत ऐसे भी होती है जो कभी पूरे ही नहीं होते इंसान की ज़िन्दगी पूरी होके खत्म हो जाए लेकिन उसकी हसरत पूरी नहीं होती उसके साथ ही मिट्टी में दफन हो जाती है। यहाँ हसरत है किसी चीज को खो देने की
किसी के लिए सब कुर्बान कर देनी की
और खुद कुर्बान हो जाने की एक अधूरी हसरत।

❧❧❧

भूमिका

पावती (स्वीकृति)

Writer Furkan Ahmad

आमुख

इस किताब को लिखने का मेरा उद्देश यह है कि हम अपनी हसरतों को जियें, कुछ हसरत हमें जीने की वजह देती है, तो कुछ हसरत हमारे जीवन को नया अंदाज सिखाती है। इंसान के जन्म की पहली सांस से लेकर आखिरी सांस तक न जाने कितनी हसरत होती है, जिन्हे कुछ लोग जी लेते है, और कुछ लोग सिर्फ उन हसरतों को दिल मे ही दफ़न हो जाने देते है।

आप यूं भी कह सकते है कि इस किताब को लिखना भी मेरी एक हसरत ही थी, जो एक पल मे मुकम्मल हुई। इस किताब को लिखने से लेकर इसे मुकम्मल होने तक मैं मुझे बहुत कुछ नए एहसास हुए, नए ख्वाब दिखे, नए लोग मिले, नई उम्मीदें बनी।

मैं इस किताब का मुकम्मल हो जाना एक ख्वाब की तरह देखता हूँ, इस सफर मे मेरा साथ मेरे मित्र श्री रोहित शर्मा जी, एवं शताक्षी मिश्रा जी ने बखूबी निभाया, इस किताब के हर एक शब्द मेरे है, लेकिन एडिटिंग का काम रोहित शर्मा और शताक्षी मिश्रा के साथ के बिना अधूरा सा है।

-फुरकान अहमद

1. हसरत

"बा-क़दर-ए-हसरत-ए-दिल का क्या मान रखा
गले की ताबीज़ में लिख के तुम्हारा नाम रखा ।।
हसरत-ए-दीद दिल में छिपाए रखे
हमने तुम्हें अपनी आँखों में बसाए रखा ।। "

"मोहब्बत मेरी इक हसरत रह गई
तेरी यादों ने मुझे अबलपा रखा ।।
हसरत थी तुम्हे हासिल करने की
न मिली फ़िर भी उम्मीद के दीप जलाए रखा ।। "

"इक उम्र गुज़र गई दीदार को तेरी
हसरत को हसरत ने डूबाए रखा ।।
जी रहा हूं वस्ल ए हसरत-ए-उम्मीद लिए
तेरी तस्वीर को सीने से लगाए रखा ।। "

"हसरत-ए-दिल फुरकान के दिल में रह गई
तुम्हे दिल में बसाने का राज़ राज़ रखा ।। "

2. बहुत अरसों से

"तुम्हारी निशनियाँ छिपा के रखा हूँ बहोत अरसों से
मै गुजरा ही नही तेरी गली से बहोत अरसों से ।।
बहोत दूर तक चला आया हूँ अपनी ज़िन्दगी मे
अभी भी तुम्हारा राज़ छिपा के रखा हूँ बहोत अरसों से ।। "

"ये आज कोई नई चाहत नही है मेरी
मै तो चाहता हूँ तुम्हे बहोत अरसों से ।।
आते जाते है नज़र आते है बहोत से चेहरे
एक तुम्हारा ही चेहरा नही देखा बहोत अरसों से ।। "

"मेरा नाम पुकार दो अपनी ज़ुबान से अपने अंदाज मे
खुद का नाम नही सुना मैंने बहोत अरसों से ।।
हमारी मोहब्बत पर हमारी जान कुर्बान
मै तुम्हारा था तुम्हारा हूँ बहोत अरसों से ।। "

"फुरकान तुम्हारा हो जाएगा इक दिन
यही हसरत लिए जी रहा है बहोत अरसों से ।। "

3. हसरत मरती नहीं

"जहाँ तुम रहा करती थी
वो दिल का हिस्सा ही मर गया ॥
जिस दिन तुम गई जिन्दगी से
उसी पल मै मर गया ॥"

"आज खुश हूँ दुनियाबी नज़रिए से
मेरे अंदर ख़ुशी का ख़्वाब मर गया ॥
कभी झांकने आना मेरे अंदर तुम मुझे
दिल वहीं रह गया था मेरा ज़िस्म घर गया ॥"

"जाओ इक नई ज़िन्दगी मिली है तुम्हे
इक शौहर नया परिवार मिला है तुम्हे ॥
कभी याद आ जाए मेरी,तो सब्र करना
दिल का गला घोट देना और सब्र करना ॥"

"नहीं मिल सकते अब हम कहीं
तकदीर में मुलाकात का रास्ता घर गया ॥
मेरे अंदर ज़िंदा रहोगी हमेशा तुम
हसरत नहीं मर सकती भले फुरकान मर गया ॥"

हसरत

4. तुमसे मिलना

"मै तुझे चाहूँ मै तुझे ही चाहूँ
ट्रेनों में सफ़र करके मै तुझसे मिलने आऊं"

"तेरी इक झलक देखने को मैं प्रदेश से लौट आऊं
कई नदियाँ कई स्टेशन पार करके मिलने आऊं ।। "

"तुमसे सलाम करने को दो बात करने को
यही हसरत पूरी करने को कुछ वक़्त चुरा कर लाऊं"

"तेरी गालियों से गुजरते हुए तेरे घर को निहारूं
तमन्ना दिल में लेके सारी दुनियां पार कर के आऊं ।। "

"सांसों में इक आस बांधे हुए
आँखों में समन्दर लिए हुए
तेरे चेहरे की मुस्कान देखने आऊं ।। "

"मै तुझे चाहूँ तुझसे मिलने आऊं
सात समंदर पार कर के आऊं
फ़क़त तुमसे मिलने आऊं ।। "

5. तुम बदलना मत

"तुम्हारी बशारत मुझे खूबसूरत बनाती है
वरना मैं इतना खूबसूरत तो नहीं ।। "

"मैं समझता हूँ एक लौता महबूबा मै ही हूँ
कहीं तुम्हारी ज़िन्दगी में कोई और तो नहीं ।। "

"दुनिया मतलबी होगी तो होगी
हम मोहब्बत करने वाले है मतलबी तो नहीं ।। "

"कोई तुम्हें एहमियत दे या ना दे
तुम मेरे लिए अहम हो ये कम तो नहीं ।। "

"मैं तुम्हारे कमरे में अकेला सोता रहूं
इससे तुम्हें कोई ऐतराज़ तो नहीं ।। "

"इक बात का बहोत खौफ है मुझे
फुरकान तुम बदल जाओगे ऐसा तो नहीं ।। "

6. फासला

"उन्हें मेरी तकलीफ़ नैन से नहीं नज़र आती
दिल-ए-एहसास होगा फिर भी नहीं कहती ।। "

"नज़र अंदाज़ मेरे ग़म को करतीं हैं
ग़म देके मुझे वो खुश नज़र आती हैं ।। "

"मेरी ज़ीस्त तो उससे चस्पा है
क्या ये बात उसे समझ नहीं आती है ।। "

"मोहब्बत हो या मुसीबतें-सहारा
साथ देता रहूंगा हमेशा तुम्हारा ।। "

"अपना कीमती वक्त बचा के रख लो
मुझे वक्त नहीं दोगी ये फैसला कर लो ।। "

"लेकिन जब चला जाऊंगा मै कहीं दूर तुमसे
चाह कर भी नहीं मिल पाऊंगा मैं तुमसे ।। "

"तुम भी तड़प जाओगी मुझसे मुलाकात के लिए
तब तक बहुत दूर जा चुका हूंगा तुम्हारे लिए ।। "

"मुझे याद करके तुम तन्हा रोती रहोगी
तब मेरी मोहब्बत तुमसे बहोत दूर होगी ।। "

"अच्छा तो ये हैं वक्त रहते ज़िन्दगी जी लो
आओ चलो फुरकान से थोड़ा बात कर लो ।। "

7. खुश नज़र

"बहुत दिनों बाद मैं खुश नज़र आया हूँ
हाँ मै गाँव से लौट के आया हूँ"

"थोड़ा वक़्त सुकून का मिला मुझे
मै मां की गोद में सर रख के आया हूँ"

"इक अरसे बाद उस गली में गए मै
अपनी मोहब्बत का दीदार करके आया हूँ"

"कई बार उससे हाथ मिलाया मैने
तभी तो आज मैं खुश नज़र आया हूँ"

"कई हसरतें पूरी की उसने मेरी
मैं उसके हाथ का शरबत पी के आया हूँ"

"मै सारे ख़्वाब पूरे करके आया हूँ
मै उसे गले लगा के आया हूँ"

"वो सज धज के तैयार बैठी थी
जैसे मालूम था मै उससे मिलने आया हूँ"

हसरत

8. तुम मेरी हो

"तुम फूल हो तो बाग मै हूँ
तुम सितारा हो तो आसमान मै हूँ ।।
तुम खूबसूरत हो तो हूर मै हूँ
तुम रोशनी हो तो सूरज मै हूँ ।।"

"तुम अंधेरा हो तो रात मै हूँ
तुम सूरमा हो तो आँख मै हूँ ।।
तुम खुशबू हो तो इत्र मै हूँ
तुम शाम हो तो फिज़ा मै हूँ ।।"

"तुम प्यास हो तो पानी मै हूँ
तुम पानी हो तो समंदर मै हूँ ।।

तुम ख्याल हो तो ख्वाब मै हूँ
तुम ख्वाब हो तो नींद मै हूँ ।।"

"तुम पत्तियां हो तो दरख़्त मै हूँ
तुम अंगूठी हो तो उंगलियां मै हूँ ।।
तुम मिठास हो तो शहद मै हूँ
तुम सवाल हो तो जवाब मै हूँ ।।"

“तुम ऐतबार हो तो दोस्त मै हूँ
तुम चाय हो तो सुबह मै हूँ ।।

तुम गांव हो तो शहर मै हूँ
तुम धड़कन हो तो दिल मै हूँ ।।”

“तुम लैला हो तो मजनू मै हूँ
तुम अनारकली हो तो सलीम मै हूँ ।।
तुम अमृता हो तो साहिर मै हूँ
तुम सोनी हो तो महिवाल मै हूँ ।।”

“तुम पन्नू तो तो सासी मैं हूँ
तुम जूलिएट हो तो रोमियो मै हूँ ।।

तुम साहिबा हो तो मिर्ज़ा मैं हूँ
तुम हसरत हो हसरत रखने वाला मै हूँ ।।”

“तुम सर्दी हो तो धूप मै हूँ
तुम वादियां हो तो बहार मै हूँ ।।
मैं तुम्हारा हूँ तुम मेरी हो
तुम मेरी हो तो जहान मेरा है।।”

९. गाँव

“गाँव याद आता है मुझे,
शहर की शाम में दम घुटता है मेरा,
गाँव की वो हर शाम याद आती है मुझे ।।”

“ट्यूबल का पानी खेतों में जाना,
मेड किनारे चलते चले जाना,
बगल कटरा गाँव का सफ़र जाना,
यही सब याद आता है मुझे,
मेरा गाँव याद आता है मुझे ।।”

“नाना के कांधे पर बैठना,
पूरे गाँव का नज़ारा देखना,
मामा की साथ बाज़ार जाना,
अम्मी के पहलू से बंधे रहना,
वो नानी का दुलार याद आता है मुझे,
मेरा गाँव याद आता है मुझे ।।”

“छोटे पांव में बड़ी चप्पल को पहनना,
और पूरे घर में टहलना,
अपनी बहनों से लड़ना झगड़ना,
फिर दुबारा खेलने लग जाना,

वो बचपन याद आता है मुझे,
मेरा गाँव याद आता है मुझे ।।"

"वो बुझते हुए चूल्हे की धधकती आग,
भीगी लकड़ियों का आंखों में लगता धुआं,
दो बार खांसना और आँचल से आँसू पूछना,
इक आँख बन्द कर के बैठ जाने को कहना,
कालिक लगी डालिए में रखी,
घी से चुपड़ी रोटी याद आती है मुझे,
मेरा गाँव याद आता है मुझे ।।"

"नीम की छांव में,
खपड़ैल का घर याद आता है मुझे,
लालटेन की रोशनी,
सुराही का मीठा ठंडा पानी याद आता है मुझे,
बरसात के मौसम में,
मिट्टी की खुशबू याद आती है मुझे,
रात की चांदनी में,
इक कहानी याद आती है मुझे,
मेरा गाँव याद आता है मुझे ।।"

"प्रदेश में उम्र गुज़र रही है
गाँव जाना इक हसरत रह गई है ।।"

10. बर्बाद मोहब्बत

"ज़िन्दगी में बस एक मोहब्बत
शायर मैं एक दफा बन गया, करके मोहब्बत ।।"

"बहोत क़रीब बुलाया उसने मुझे
फ़िर तन्हा छोड़ दिया, करके मोहब्बत ।।"

"उसके ख़्याल मेरे जहन में गश्त करते है
फ़िर भी मैं अकेला हूं, करके मोहब्बत ।।"

"चढ़ती जवां उम्र मेरी और हसीन मै
खुराक कम होने लगी, करके मोहब्बत ।।"

"शैतान की दुसरी शक्ल इख्तियार करने लगा
गुस्सा करना सीख लिया, करके मोहब्बत ।।"

"इक इंजीनियर बनने का ख़्वाब लिए फुरकान
हो गया तबाह ओ बर्बाद, करके मोहब्बत ।।"

11. आँगन

"दफ्न है उसके आंगन में आज भी माजी की बातें,
उस ज़मीं पर करता था ख्याल-ए-जन्नत की बातें।"

"मरी हुई दरों-दीवारें आवाज़ देती है आज भी,
अब मेरे आंगन में तुम आते नहीं कभी भी।।"

"इक याद बसर करती है जहां महबूब-ए-ज़मीं,
वही दहलीज है मेरे ख्वाबों की सर ज़मीं।"

"बालों को बिखेरे हुए जहाँ तुम बैठी थी,
उस दरख़्त की छांव में आज आया हूँ।।"

"दरख़्त धूप को अपनी गोद में लिए,
हिलते पात है मुझे हल्की छांव देने के लिए।।"

"काश तुम भी होती यहीं आंगन में आज,
बताता कितना चाहता हूं मैं तुम्हें आज।।"

"तुम्हारी यादों को सजोए हुए आया हूँ,
जी भर के तुम्हें याद करने आया हूँ।"

"तसव्वुर करता था अपने मुस्तकबिल का,
तुम इक मौका देती ज़िन्दगी साथ बिताने का।।"

"आज तन्हा बैठा है फुरकान तेरे आंगन में,
और मुकम्मल डूबा हुआ है तेरी हसरत में।।"

12. उसकी आँखें

"खैर मक़दम करती तेरी आँखें
पीर नवाज़ी करती तेरी आँखें
एहतराम करती तेरी आँखें
तेरा दीदार करती मेरी आँखें।।"

"गहराई है समंदर की तेरी आँखें
फिज़ा की खुशबू है तेरी आँखें
तारीफ़ मुसव्विर की जिसने सजाई तेरी आँखें
अंधेरों में चिराग़ है तेरी आँखें
तुझे निहारती मेरी आँखें।।"

"इत्र है तेरी आँखें
तू देखे तो महक जाऊं मै
मुझसे नज़रे चुराती तेरी आँखें
फ़िर मुझे ही देखती तेरी आँखें
तुझे देख हस्ती हुई मेरी आँखें।।"

"तिलिस्मी दुनिया सजाती तेरी आँखें
माहिर साहिर है तेरी आँखें
मदहोश हो जाता हूँ मै
जैसे कोई नशा कराती तेरी आँखें

फ़क़त देखती रहे तुझे मेरी आँखें।।"

"शुक्र है पलखे ओढ़ लेती है तेरी आँखें
वरना खाक है दुनिया अगर सामने हो तेरी आँखें
न देखे कभी मुस्कुराते हुए तेरी आँखें
वरना ज़ख्मी हो जाएगा दिल देख के तेरी आँखें
तेरी आंखों में बस्ती है मेरी आँखें।।"

"मेरे दिल में क्या है ये पढ़ती है तेरी आँखें
खुदा न करे कभी रोते हुए देखे तेरी आँखें
इक बांध बना दूंगा तेरी आंखों में
अश्क नहीं निकाल पाएगी तेरी आँखें
मै हमेशा साथ खड़ा रहूंगा और मेरी आँखें।।"

"शायर को अल्फ़ाज़ देती तेरी आँखें
गले की ताबीज़ बन गई तेरी आँखें
काश इक नज़र प्यार भरी देखती मुझे तेरी आँखें
हसरत-ए-दीदार को तरसती हुई मेरी आँखें
आसरे में इक दिन बंद हो जाएगी मेरी आँखें।।"

13. तलाश

"तन्हाई अब मेरा दिल नही बहलाती
तेरी यदें अब मुझसे मिलने नही आती"

"खुद को भुला चुका हूँ तेरी तलाश मे
तुम मुझे तलाश करने क्यों नही आती"

"इस दुनिया से शिकायत है मुझे
प्यार करने वाले को क्यों नही मिलाती"

"सारी ज़िन्दगी जिसे अपना मानता रहा मै
वो अपने सख्त अल्फाज़ों से है मुझे रुलाती"

"अब तो उम्र बीत गई फुरकान
हसरत है आख़िरी दफा ही सही, मिलने चली आती"

14. नजरअंदाज

"शायद की अब मेरी चाहत से वो परेशान है
मेरा सवाल तो सुनती है मगर जवाब नहीं देती।।"

"मेरे आँसू भी अब उनको फ़िज़ूल लगते है
ये मोहब्बत है जो तुम्हे भूलने नहीं देती।।"

"नजरअंदाज करने लगी है मेरी बातों को
मै बोलता चला जाऊं वो गौर नहीं देती।।"

"उनकी इक बूंद आँसू मुझे दरिया लगती है
और मेरे आँसूओ की कोई कीमत नहीं देती।।"

"दिल मेरे अंदर भी है इन्सान मैं भी हूँ
मै दुआ करूं, तुम ग़म दो, दुआ नहीं देती।।"

"ख्वाब में देखा तो बात करने को दिल कह गया
ज़रा सी बात थी तुम्हे समझ नहीं आती।।"

"जाते जाते भी मै दुआ ही देके जाऊंगा
क्या मेरी चाहने की हसरत तुम्हे दिखाई नहीं देती।।"

15. पैदाइश

"हां आज उसकी पैदाइश थी
इस दिन को ख़ास बनाया हमने
हमारी इक याद बनाया हमने"

"इक साथ तस्वीर लेके
मानो ज़िन्दगी को मसर्रत दी हमने
तुम्हारी पैदाइश को इक याद बनाया हमने"

"इक ही लिबास में रंग के
इस पल को रंगीन किया हमने"

"शर्म में दूर जा खड़ी हो गई
जब उनके शाने पे हाथ रखा हमने
तुम्हारी पैदाइश को इक याद बनाया हमने"

"ख़ूबसूरत सा इक केक लाया मै
अपने नाम उर्दू में लिखे हमने"

"धड़कने तेज़ी से धड़कने लगी थी
बदन कांपने सा लगा था
जब इक दूसरे का हाथ पकड़ा हमने

तुम्हारी पैदाइश को इक याद बनाया हमने"

"वो मेरे दिए लिबास में
मैं उसके दिए लिबास में
इक दूसरे के हमराह खड़े हुए हम"

"हाथ में हाथ डाले हुए हम
जैसे इक दूसरे के हो गए हम
ज़िन्दगी का सबसे अच्छा लम्हा बिताया हमने
तुम्हारी पैदाइश को इक याद बनाया हमने"

"सबसे ज्यादा खुश थे हम
मानो ज़िन्दगी जी ली हमने"

"दावत दी,बिरयानी बनाई उसने
दस्तरखान सजाया उसने
पहली दफा इक साथ खाना खाया हमने"

"तुम्हारी जन्मदिन मनाने की हसरत थी जो पूरी की हमने
तुम्हारी पैदाइश को इक याद बनाया हमने"

16. रूठे हुए रहते हो

"आज कल वो रूठे हुए से रहते है
मुझसे थोड़ा दूर दूर रहते है
बहुत कम बात करते है
मसरूफियत है या कुछ और, खुदा जाने
फिलहाल वो मसरूफियत ही बताते है।।"

"हफ़्ते में इक दिन बात हो
ऐसा नियम बनाते है
जहां तक मैं जानती हूं उन्हें
कहते तो नहीं,लेकिन रूठे हुए रहते है।।"

"जब दिल में दरख़्त ए इश्क़ उग जाए
और उसके तने मजबूत हो जाए
फ़िर उनकी शाखाओं को आप काट नहीं सकते
जड़ से उखाड़ नहीं सकते क्यों कि वो इश्क़ है।।"

"

इश्क़ कोई पुरानी याद लेके
नए पत्तों की तरह पनप आएगा
इश्क़ इक दिन फ़िर आ जाएगा
वापिस बुलाएगा तुम्हे

लौट आओ क्यों रूठे हुए रहते हो"

17. चला गया आज तेरे शहर से

"चला गया आज तेरे शहर से
जो तेरे लिए आया था,
तेरे पैदाइश का जश्न मनाने
वो प्रदेश से लौट आया था।।"

"

तुम ना करो कद्र दोस्ती की
वो ईमानदार दोस्ती निभाने आया था,
तुम जवाब दो ना दो,चाहो अजीयत में रखो
वो तुम्हारी ज़िन्दगी की याद बनाने आया था,
चला गया आज तेरे शहर से
जो तेरे लिए आया था।।"

"तुमसे मोहब्बत नहीं मांगी थी
तेरे ज़ुल्फ़ के साए नहीं मांगे थे,
ज़िन्दगी भर का साथ नहीं मांगा था
अपना दर्द बांटने का वक्त मांगा था।।"

"

तुमसे गुफ्तगू का वक्त मांगा था
वो रोज रोज नहीं आता,
तेरे लिए तेरे शहर आया था
चला गया आज, जो तेरे लिए आया था।।"

"काश कि इक दफा आवाज़ देके बुला लेती
उसका हाल पूछ लेती,किस हाल में है,
तेरे चेहरे की इक पल खुशी के लिए
खूबसूरत सा मौसम सजाया था।।"

"

जो बन सका किया उसने
हां इस बात से भी इनका नहीं है,
तुमने पसंद का दस्तरखान लगाया
उसके दिए लिबास में सजी थी।।"

"

मगर ये उसकी दोस्ती से कम था
शुक्रिया अदा है जो हो सका किया तुमने,"

"उसका गम पूछना भूल गई
वो ज़ख्म दिखाने आय था,
चला गया आज तेरे शहर से
जो तुझसे मिलने की हसरत लिए आया था।।"

18. तुम चली आना

"ज़िन्दगी में कभी वक़्त मिले तुम्हें
तो चली आना,"

"कभी दिल करे तुम्हारा बात करने का
तो बात करने चली आना।।"

"कभी लगे कि मुलाकात ज़रूरी है
तो मिलने चली आना,
कभी ग़म में भी हंसना हो
तो हसने चली आना।।"

"तुम्हे लगे कि ज़रूरी हूँ मै तुम्हारे लिए
तो ज़रूर चली आना,
दिल घबराए या दिल बहलाना हो
तो दिल लेके चली आना।।"

"ग़म ही ग़म हो चारों तरफ़ तो
ग़म को खुशी में तब्दील करने चली आना,"

"हकीक़त में नहीं आ सकती तो क्या
फुरकान के ख़्वाब में चली आना।।"

19. बचपन याद दिल गया वो

"कोई आया था दिल के दरवाज़े पर
बचपन याद दिला गया वो,
भले ही कुछ दिन सही
खुशी का एक एहसास दिला गया वो।।"

"मालूम था की एक दिन तुम भी
मेरे चेहरे पे मुस्कान छोड़ जाओगे,
जिंदगी भर के लिए याद छोड़ जाओगे
खुशी है यादगार लम्हा बना गया वो
मेरा बचपन याद दिला गया वो।।"

"जिंदगी जीने का सहारा बनेगी तेरी यादें
मौत के ख़्याल को मिटा देगी तेरी यादें
तेरी यादें ही तो है जो,
तन्हायों में भी तनहा नही रहने देती
मुझे मेरी आंखों से दुनिया दिखा गया वो
मेरा बचपन याद दिला गया वो।।"

"ख्वाब देखने का सिला जख्म मिलता है
मैंने कोई ख्वाब ही नहीं देखा साथ उसके,
शायद यही बेहतर है की अलग हो जाए

दोस्ती में जगाया मुझे और खुद सो गया वो
मेरा बचपन याद दिला गया वो।।"

"किताबों में रखे गुलाब ले गया वो
बचपन से सजाए ख़्वाब ले गया वो,
मेरा बचपन याद दिला गया वो।।"

20. चाहत

"तुमसे चाहत और बढ़ गई है
हर रोज़ ख़्वाबों में आने लगी हो,"

"तुम मेरी न होके भी मेरी ही हो
ये बात अब समझ आने लगी है ।।"

"तेरे बगल बैठूं तेरा हाथ पकड़ के
कुछ ऐसी तमन्ना दिल में आने लगी है ,
दिन तुम्हारे ख्याल में ही गुजरता है
तस्वीर अंधेरी रात में भी नजर आने लगी है।।"

"कुछ वक़्त निकाल लो मेरे लिए भी
तुम दूर क्या गई तुम्हारी यादें करीब आने लगी है ,"

"फुरकान गले से लगाने का ख़्वाब रह जाएगा
उम्र बीत रही है मौत क़रीब आने लगी है।।"

21. ख्याल

"अब तुम इक सवाल बन के रह गई हो
जो न मिला वो जवाब बन के रह गई हो,
मेरे उबलते हुए ज़हन का ख्याल बन के रह गई हो
तुम एक सोच बन के रह गई हो
अब तुम एक सवाल बन के रह गई हो।"

"किसी बहार की तरह मत आया करो
ज़िन्दगी बेज़ार है तो बेज़ार ही सही,
तुम मुझसे दूर हो तो दूर ही सही
अब तुम इक ख्याल बन के रह गई हो
अब तुम एक सवाल बन के रह गई हो
जो न मिला वो जवाब बन के रह गई हो।"

"किसी की कमी ज़ख्म की तरह नहीं
जो वक़्त के साथ भर जाए,
किसी की कमी खंजर की तरह
जो हर वक्त घर कर जाएं।"

"मेरे इंतेज़ार का घड़ा इतना छोटा भी नहीं
जो हफ़्ते भर में भर जाए,
अभी और मुसीबतें आएगी

फुरकान अहमद

अभी और जिंदगी बाकी है,
अभी और इंतेज़ार करेंगे तुम्हारा हम
अब तो तुम ख्यालों में रह गई हो
अब तुम एक सवाल बन के रह गई हो
जो न मिला वो जवाब बन के रह गई हो।"

22. दिल दुखाना

"कुछ लोगों को कितना आसान लगता है
किसी का दिल दुखा देना,
और फिर वापिस उसी राह पर आना
वो भी ऐसे, सारी पुरानी बातें भुला दिया हो,
जैसे कुछ हुआ ही न हो
जैसे उसने मेरे दिल के टुकड़े न किए हो
जैसे मै उसकी यादों में रोया न हो।।"

"दिल दुखा के नजरंदाज कर दिया
फिर हस्ते हुए हाल पूछ लिया,
मरहम कौन लगाएगा कल की चोट पे
तुमने तो अपना हुलिया ही बदल लिया।।"

"

ऐसा लगता है हर लड़की ऐसी ही होती है
या फिर जिसको मैने अपना माना वो ही सिर्फ ऐसी है,
दिल को चोट पहुंचाकर कोई और बात करने लगती है
मेरे दिल के हजारों टुकड़े करके उससे समेटने का जिक्र भी
नहीं करती,
कुछ लोगों को कितना आसान लगता है
किसी का दिल दुखा देना

और फिर वापिस उसी राह पर आना।।"

"जब लड़का किसी को दिल और जान से चाहता है,
तो न जाने ही क्यों उसे हमसफ़र के सिवा सब मिलता है।।"

"जब मर्द किसी से मोहब्बत में रो देता है
तो समझो उसने कितना टूट के चाहा होगा
उससे हर मंदिर हर दरगाह पर मांगता है।।"

"मोहब्बत तो सब कर लेते है
निभाना भी होता है ये भूल जाते है
मोहब्बत को मुकाम मिले ये जरूरी तो नहीं
पर इतना दर्द मिले ये भी लाजमी नहीं।।"

23. मर्द की ज़िंदगी

"नौकरी की कफ़स में क़ैद
दफ़्तर के चक्कर काटते हुए
सुबह से शाम कैसे गुज़र जाती है
ख़ुद को ख़बर नहीं, ना ख़ुद की ख़बर है"

"ये रोज़ रोज़ दिल्ली मैट्रो की दौड़
बदन को तोड़ कर रख देती है
थक कर घर क्या पहुंचते है
चेहरे को हरे पत्तों की तरह खिलना पड़ता है
ख़ुद को बेहतर और अच्छा दिखाना पड़ता है"

"मर्द की ज़िन्दगी भी क्या ख़ूब है
हर जिम्मेदारी अपने कांधे पे रख कर हंसना पड़ता है
घर, बच्चे, वालिदैन, दोस्त, रिश्तेदार और दफ़्तर
सब को अपना वक़्त बराबर से देना पड़ता है"

"कुछ फैसलों में मां और पत्नी के बीच फंस जाना होता है
उस हालात में कोई न कोई नाराज़ होता है
दोनों के बीच में पिसता हुआ मर्द क्या ही करे आखिर
तब दिल मर जाने को कहता है"

"बुढ़ापे की ज़िन्दगी,इक रोटी की खुराक
लगता है अपने बच्चों पे इक बोझ हूँ मै
फ़िर छोटे छोटे बच्चों की मुस्कान बन के
लगता है कोई खास शक्श हूँ मै
बुढ़ापे की ज़िन्दगी
किसी की बातों पे मारने को कहती है
तो किसी की मुस्कान पे जीना चाहती है"

24. तिल

"बहते हुए अश्क़ मेरी आँखों से गिरते हैं,
जब ढलती हुई शाम मेरी आँखों में ठहरती हैं।।"

"याद ए कफ़स में ही क़ैद रहने दो मुझे,
जब ख़ुशी ही तेरी याद से रहतीं है।।"

"नज़र उठेगी ही क्यों किसी और की ओर,
जब नज़रो में रहती ही बसी रहतीं हो।।"

"उसे खोने का बहुत खौफ है मुझे,
जब की वो मेरी नहीं, मेरे दिल में रहतीं है।।"

"पता है वो खूबसूरत कैसे दिखती है,
अपने लब के ऊपर तिल सजाए रहती हैं।।"

"आँखें फुरकान की जो ताकती हैं हसरत से,
इन्हीं आँखों में उसकी तस्वीर बसी रहतीं है।।"

25. इश्क़ हो गया मुझे

"बारह साल से मोहब्बत थी,
अब मोहब्बत नहीं इश्क़ हो गया मुझे।।"

"वो मेरा तो नहीं हो सका, मगर,
ज़िन्दगी भर का ज़ख्म दे गया मुझे।।"

"तुमसे मोहब्बत सुकून देती थी,
अब तन्हाई से इत्मीनान हो गया मुझे।।"

"हमारी वफ़ा किताबों में दर्ज़ है,
कभी पढ़ोगी तो याद करोगी मुझे।।"

"तब कच्ची उम्र थी मेरी,
जब मोहब्बत हो गई थी तुमसे मुझे।।"

"आज ज़िन्दगी गुजार के भी,
पीरी में वही इश्क़ याद आता है मुझे।।"

"भुलाने से भुलाया नहीं जाती हसरत,
जब तक जी रहा हूँ तेरी याद आती रहेगी मुझे।।"

हसरत

26. रुखसार

"ये उसके रुकसार की आबरू है,
जिसकी तारीफ़ में संगीन जुर्म लगा है मुझ पर।।"

"वो अपने ज़ुल्फ़ों को संवारती नहीं फ़िर भी,
उसके ज़ुल्फ़ों का जादू चला है मुझ पर।।"

"वो किसी हूर से कम नहीं है दोस्तों,
तुम सब यक़ीन क्यों नहीं करते मुझ पर।।"

"उसकी इक अदा और याद आई है,
वो मुस्कुरा देती हैं मुझे देख कर।।"

"रहे हसरत-ए-इंतेज़ार में फुरकान कब तक,
ज़िन्दगी बिता चुका हूं तुम्हें देख कर।।"

27. चला जाऊंगा

"किसी रोज़ जो मै चला जाऊंगा
फ़िर कभी लौट कर नहीं आऊंगा"

"मिट जाएंगी ये सारी शिकायतें तुम्हारी
तुम बुलाती रह जाओगी मै नहीं आऊंगा"

"अभी शाम ढली नहीं है
तुम कहो तो मैं शाम को मिलने आऊंगा"

"तुम्हारे अलावा किसी और को नजर उठा के देखा होता
तो शायद मै किसी और का हो चुका होता"

"कभी ख़ुद को मेरी नज़र-ए-मोहब्बत से देखो तुम
तुम्हारी एहमियत क्या है ख़ुद जान जाओगी तुम"

"यूँ ही अदामत से न पेश आओ मेरी ज़िन्दगी से
दुश्मनी हुई तो दोस्ती निभाने नहीं आऊंगा"

"भले ही अधूरी हसरत ही लिए जिऊं मै
कभी हसरत पूरी करने नहीं आऊंगा"

28. मर्जी तुम्हारी

"दिल तुम्हारा है मर्जी तुम्हारी
तुम चाहो किसी और को तो मर्जी तुम्हारी
मेरा हक़ ही कहां है तुमपे
मै मोहब्बत ही तो करता हूँ तुम ना करो तो मर्जी तुम्हारी"

"मुझसे दूर जाना है तो जाओ मर्जी तुम्हारी
मुझसे दामन छुड़ा जाओ तो मर्जी तुम्हारी
मै तुम्हारा ही बन के रहूंगा
तुम न बनाओ मुझे अपना तो मर्जी तुम्हारी"

"मेरा ख़्याल ना करो तुम तो मर्जी तुम्हारी
मुझे याद ना करो तुम तो मर्जी तुम्हारी
मै जान भी दे दूँ तुम्हारे लिए
तुम हाल भी ना पूछो तो मर्जी तुम्हारी"

"और सताना चाहो तो सता लो
और रुलाना चाहो तो रुला लो
मै तुम्हे नहीं रोने दूंगा
तुम मुझे रुलाओ तो मर्जी तुम्हारी"

"तुम्हे कोई फ़र्क ना पड़े मै रोऊं
मेरी नींद ना आए भूखा सो जाऊं
तुम्हारी मोहब्बत में उलझा रहूं
तुम नज़र अंदाज़ कर दो तो मर्जी तुम्हारी"

"मालूम है तुम मेरे नहीं हो सकते फुरकान
मोहब्बत ए उल्फ़त में उलझा रखो तो मर्जी तुम्हारी
इक हसरत लिए अब भी जी रहा हूँ
तुम शायद लौट आओ तो मर्जी तुम्हारी।"

29. मेरा न हुआ

"चलो इत्मीनान हो गया इस बात का
तू मेरा नहीं था मेरा नहीं हुआ"

"सुकून इस बात का है मुझे
ये दिल तुम्हारा था और किसी का नहीं हुआ"

"क्यों तुम्हारी उल्फ़त मुझे तलाश नहीं करती
मै किसी और का हो जाऊं ऐसा नहीं हुआ"

"तुमने जाना ही नहीं मुझे अच्छी तरह से
जानती तो ऐसा न होता जैसा हुआ"

"मग़बरे में तुम्हें शैर कराने की चाह थी
ये ख़्वाब था मेरा जो कभी पूरा नहीं हुआ"

"मेरी हसी मुझसे छीन के मुझे नई मोहब्बत दी
खल्वत में अकेला था फ़िर भी अकेला नहीं हुआ"

"फुरकान कितनी भी बुलंदी पा ले
तुम्हें भूलने का सवाल पैदा ही नहीं हुआ"

फुरकान अहमद

30. पा नहीं सकता

"समझो तुम आसमान हो
और आसमान को पा नहीं सकता।।"

"तुम मोहब्बत हो मेरी
और मोहब्बत को पा नहीं सकता।।"

"आंसुओं की कतार लगी है
तुम्हारी हर याद को बहा नहीं सकता।।"

"बहुत तास्सुफ़ का ज़माना है
डिग्री है,इल्म है,नौकरी पा नहीं सकता।।"

"मैं प्रदेश में रहता हूँ
वालिदा की गोद में सर रख नहीं सकता।।"

"कोई साथ में दोस्त मिले न मिले
हसरत का काफिला रुक नहीं सकता।।"

"फुरकान तनहा ही ठीक है
इस जमाने में सच्चा दोस्त मिल नहीं सकता।।"

फुरकान अहमद

31. मुझपर तुम्हारा कोई हक़ नहीं

"ना याद करना मुझे अब तुम
मुझपे तुम्हारा कोई हक़ नहीं"

"मर चुका हूँ मै तुम्हारे लिए
कफ़न हटा के देखने का तुम्हें कोई हक़ नहीं"

"मिट्टी में मिला दिया आखिर तुमने मुझे
मेरी कब्र पर आने का तुम्हें कोई हक़ नहीं"

"यूँ रोते हुए हाथों में गुलाब की माला लिए
मेरी कब्र पे फातिहा पढ़ने का तुम्हें कोई हक़ नहीं"

"जाओ वक़्त बीतते ही भूल जाओगी मुझे
मेरे ग़म में आँसू बहाने का तुम्हें कोई हक़ नहीं"

"मै ख़्वाब अपनी तरह से देखूंगा
मेरी हसरतों पे तुम्हारा कोई हक़ नहीं"

फुरकान अहमद

"फुरकान की चाह निछावर थी तुमपे
मेरी चाहत पे तुम्हारा कोई हक़ नहीं।"

32. ज़िद

"मोहब्बत खुदा की देन है
अगर हो जाए तो किए जाना,
पाने की कोशिश कर लेना
लेकिन जिद न करना ।।"

"

ज़िद मोहब्बत को कमज़ोर बना देती है
मोहब्बत न मिले या इंकार कर दे,
तो सब्र कर लेना लेकिन जिद न करना ।।"

"

ज़िद मोहब्बत को कमज़ोर बन देती है
हर ख्वाहिश पूरी भी नहीं होती,
जब ज़िन्दगी ही किसी की देन है
तो तुम्हारा क्या है तुम्हारा कौन है,
तुम्हारे सब्र पर खुदा को तरस आ जाए
तो अता कर देगा तुम्हे जो अता करना होगा
लेकिन ज़िद न करना ।।"

"

ज़िद मोहब्बत को कमज़ोर बना देती है

अपनी हसरतों को दिल में दबाए रखना
कुछ बोलना ज़ुबान से तुम,
अपनी आंखों में बसाए रखना
हसरतों को पूरी करने के लिए ज़िद्दी न बनना
ज़िद मोहब्बत को कमज़ोर बना देती है।।"

33. शहर-ए-लखनऊ

“दिल छू लिया है शहर ए लखनऊ ने
अब यही बस जाने को दिल करता है”

“बे वजह ही यहां शाम गुजरती है
नक्खास में ही शाम गुजारने को दिल करता है”

“इदरीश की बिरयानी, टुंडे का कबाब
कुल्फी प्रकाश की खाने को दिल करता है
सोचता हूँ छोड़ दूं शहर ए दिल्ली
अब लखनऊ बस जाने को दिल करता है”

“वो बस्ती की गालियां, चौक की शाम
इमामबाड़े में गश्त करने को दिल करता है
हाथियों के पार्क में, फव्वारों की ठंडक में
गुफ्तगू करने को दिल करता है”

“मशीनों के सफ़र से थक चुका हूँ
टांगें पे सफ़र करने को दिल करता है
लखनऊ में बसने की हसरत लिए
अदब से आदाब में जीने को दिल करता है”

फुरकान अहमद

"अब लखनऊ बस जाने को दिल करता है
अब लखनऊ बस जाने को दिल करता है"

34. रोक न सका

"अपनी चाहत तुझपे निसार न कर सका
मोहब्बत थी तुमसे और मोहब्बत न कर सका,"

"ये ख़्वाब मुझे क्यों आते है
इसकी ताबीर तलाशता न कर सका ।।"

"तेरी यादों के क़ब्रिस्तान में दफ्न होके
तेरी यादों को हकीक़त में ज़िंदा न कर सका,
तुझेपे सब कुर्बान करने की चाहत है
इश्क़ रहेगा गर क्या हुआ जो तुम्हे पा न सका।।"

"आती रहती है मुझे याद हर पल तेरी
खुद को तेरी यादों से जुदा न कर सका,
तेरे आने के इमकान में बैठा हूँ
उम्र ढल रही है वक़्त को न रोक सका,"

"ढलती हुई शाम को देख के याद आया है
फुरकान अपनी हसरत को पूरा न कर सका।।"

35. तुम्हारे बगैर

"ऐसी कई शाम गुजारेंगे तुम्हारे बग़ैर हम,
जीएंगे और जी रहे है तुम्हारे बग़ैर हम।"

"इक दशक गुज़र गई है इंतेज़ार में तेरी,
लेकिन फ़िर भी और इंतेज़ार करेंगे हम।"

"ग़म ज़िन्दगी की दोस्त हो गई है,
यही ठीक है खुशी का इंतेज़ार क्यों करे हम।"

"ना कोई है जो दे ख़बर तुम्हारी,
इक दिन ज़रूर आयेंगे ख़बर लेने हम।"

"दूर जाने की बात ही मुझे रुलाती है,
इस हसरत की यही हकीकत है दूर जायेंगे हम।"

"कहीं कोई तो ऐसा जहां होगा,
जहां कोई न हो फ़क़त इक दूसरे के होंगे हम।"

36. सज़ा

"सब कुछ टूट कर बिखर जाएगा
सिर्फ तुम्हारी याद बची रह जाएगी।"

"किसी की आस मे जिएगा कोई कब तक आखिर,
एक न एक दिन ये हसीन मौत तो मिलने आ ही जाएगी।"

"क्यों अभी अपने से दूर कर रही हो मुझे
जुदा होने की वो शाम आ ही जाएगी।"

"तुमसे गुफ्तगू के लिए तरस गया हूं मैं
आखिर मेरी हसरत की कदर कब की जाएगी।"

"मेरा क्या कसूर था मैं बेकसूर था
मालूम न था किसी और की सजा मुझे दी जाएगी।"

37. याद आई

"रील देखते देखते इक ऐसी रील आई
अंगूठा रुक गया और तुम्हारी याद आई"

"मालूम तो था ही इश्क़ का रिश्ता है
लेकिन भूल गया सब
जब निकाह नामें पे कलम दस्तख़त कर आई"

"तुम्हारे हिस्से की रोटी थी जो किसी और को दी
वही शरीक-ए-हयात है जो दुल्हन बन के आई"

"सब कुछ उसी का है सब कुछ वही है
नहीं कोई और अब ज़िन्दगी सब पीछे छोड़ आई"

"बहुत आगे बढ़ गया हूँ सफ़र ए जीस्त में
सारी हसरतें खुद को मिट्टी में दफ्न कर आई"

38. मोहब्बत ही नहीं

"तुम न निभा पाओ मोहब्बत तो कोई बात नहीं
मगर ये ना कहो कि मोहब्बत ही नहीं"

"मै जानता हूँ कि मजबूरियां भी कम नहीं
मगर ये ना कहो कि मोहब्बत ही नहीं"

"भरी महफ़िल में ना सही ना देखो तुम
मगर ये ना कहो कि मोहब्बत ही नहीं"

"घर दुनियां इस जहान का डर है मानता हूँ
मगर ये ना कहो कि मोहब्बत ही नहीं"

"मालूम है मुझे ज़ुबान इंकार करती है
पर दिल मानता है मग़र,
ये ना कहो कि मोहब्बत ही नहीं"

"ज़िन्दगी में परेशानियां आती जाती रहती है
मगर ये ना कहो कि मोहब्बत ही नहीं"

"बहुत क़रीब से जानता हूँ मै तुम्हें
तुम मुझे बहुत मानती हो ये जानता हूँ मै

मगर ये ना कहो कि मोहब्बत ही नहीं"

39. नया साल

"नए साल में कुछ नया नज़र नहीं आता
इब्तिदा-ए-दिन वही है कुछ नया नज़र नहीं आता"

"तुलू-ए-सुबह वही शब वही है
कोई नया आफताब तुलु हुआ नज़र नहीं आता"

"क्यों मुबारका देते फिरते हो तुम
लगता है अपनो का कत्ल भूल गए हो तुम"

"अच्छाईयां मिटती चली जा रही है
तुम्हें बुराईयों का पहाड़ नज़र नहीं आता"

"फिज़ा में वबा मिटने की कोई हवा चली है क्या
आबो हवा वही है इसमें कुछ नया तो नज़र नहीं आता"

"जश्न तो यूँ मनाते है जैसे फरिश्ता बन गया इंसान
कोई बुरी आदतों को बदलता नज़र नहीं आता"

"फ़िर नया साल कैसा,कोई हसरत पूरी हुई क्या?
क्यों जश्न मनाए जा रहे हो तुम।"

फुरकान अहमद

40. चाँद का हाला

"हम चाँद के पेश-ओ-पश खड़े हों
और चाँद का हाला लग जाए"

"मैं कोई खता तो नहीं कर रहा
गर मोहब्बत में तुम्हारे गले लग जाए"

"ज़िंदगी भर न सही कुछ वक्त ही हम-राही हो
बहोत दुआ की है शायद कोई दुआ लग जाए"

"हम तुम्हारी फिक्र भी करते है
कहो कि मोहब्बत से वो अलग हो जाए"

"मैं अपनी तस्वीर इरसाल करूं तुम्हें
और इन आंखों को दीदार का आसरा दिया जाए"

"हसरत ए दिल को बहला फुलाया दिया जाए
मेरी हसरत को आसरा कब तक दिया जाए"

41. दौलत

"दौलत के पीछे कितना भागोगे
थोड़ा वक़्त निकाल के अपनो को दो
रिश्तेदारों को दो , दोस्तों को दो
कब तक दौलत के पीछे भागोगे"

"दुबई,ओमान तक चले जा रहे हो
बच्चों की उम्र बढ़ती जा रही है
इनको रास्ता दिखाने कब आओगे
सही गलत बताने कब आओगे
आखिर दौलत के पीछे कितना भागोगे"

"दीन,इबादत, पूजा, पाठ कहा गया तुम्हारा
दौलत के पीछे सब भुला बैठे हो
हलाल, हराम सब गवा बैठे हो
अपने ईमानों को बेच बैठे हो
इस दौलत के पीछे और क्या बेचोगे
इस दौलत के पीछे कितना भागोगे"

"दौलत तुम्हें अपनो से दूर रखेगी
दौलत तुम्हें दुआ नहीं देगी
दौलत तुम्हें सुकून नहीं देगी

तुम्हारा इखलाख तुम्हे इज़्ज़त दिलाता है
तुम्हारी ज़ुबान तुम्हे इज़्ज़त दिलाएगी"

मत भागों इस दौलत के पीछे
दौलत की हवस मिटा के रख देगी
दौलत की हसरत बुरी होती है फुरकान"

42. मोहब्बत होगी

"जितनी दफा ये धड़केगा
उतनी दफा मोहब्बत होगी
तुम क्या समझते हो
इक दफा सांस लेके सारी जिन्दगी जिओगे ?
जितनी दफा सांस लोगे
उतनी दफा मोहब्बत होगी"

"बेशक मोहब्बत तुम्हे हंसाएगी रुलाएगी
लेकिन उसकी याद में इक सुकून मिलेगा
उसकी याद मेरे नस नस में
रक्त की तरह प्रवाह करती है
जितनी दफा रक्त नसों से प्रवाह करेगा
उतनी दफा मोहब्बत होगी"

"मोहब्बत कोई इक हो या
सिर्फ़ इक दफा ही मोहब्बत हो
ऐसा जरूरी नहीं, पहली मोहब्बत
का जुनून एहसास और तड़प
पहली में नहीं हर मोहब्बत में होगी
जितनी दफा मोहब्बत होगी"

"शायद मोहब्बत इक दफा ही हो तो ठीक है
वरना पत्नियां बदलने में और ताकल देने में
एक उम्र बे मुफ़्त में खर्च हो जाती है
या फिर आप इतनी दूर चले जाए
जहां ना जुल्फों की खुशबू मिले"

"

न किसी स्त्री का साया ...
वरना मोहब्बत से बचना नामुमकिन है
जितनी दफा कोई नया मिलेगा
उतनी दफा मोहब्बत होगी
हसरत ए मोहब्बत इक हो तभी जायज़ लगती है।"

43. ख़्यालों में जीना

"कोई तुम्हारे इश्क़ में तुम्हारा,
प्यार सा ख़्याल लेके जी रहा है"

"कोई यादों की तश्तरी में,
तुम्हारी ख़ूबसूरत सी यादों को सजा रहा है"

"

कोई मोहब्बत भरी आस लिए,
आसरे में जिए जा रहा है"

"

कोई अपने हृदय में,
तुम्हारी धड़कन घोल कर ख़ुद को ज़िन्दगी दे रहा है"

"

कोई हर रात तुम्हे याद करके,
तुम्हारे हक़ में दुआ कर के सो रहा है"

"

कोई छांव बनने की कोशिश में लगा है,
कहीं धूप न लग जाए मेरे हीर को"

"

ऐसा लगता है वो तुम्हारे ही,
खातिर जी रहा है तुम्ही उसका जीवन हो"

"वो हवाओं से कह रहा है मेरा पैगाम पहुंचा दो
मै याद कर रहा हूँ तुम्हें
कोई तुम्हारे खातिर तड़प तड़प कर रो रहा है"

"

तुम्हे पाने की कोशिश नहीं की,
इस बदले उसने तुम पर हर चीज निछावर की"

"क्यों कि वो जान चुका है तुम्हे पाना,
उसके लिए न मुमकिन सा है"

"शायद तुम्हारी दुआ का बोसीदा,
लिबास ओढ़े कर वबा से महफ़ूज़ है"

"

शायद हृदय के किसी कोने में,
तुम्हारी प्यार को दबाए जी रही हो"

"शायद तुम उसकी चाहत न,
समझ पाए उसकी आँखें न पढ़ सके तुम"

"शायद वो भी ज़िम्मेदारी के बंधन में,
बंधी अपना जीवन व्यतीत कर रही हो"

"

शायद दुनिया के सामने,
अपनी चाहत ना दिखा पा रही हो
शायद वो भी तुमसे उतना,
प्यार करती हो जितना तुम उससे कर रहे हो"

"

जितनी हसरत तुम्हारी चाह की हुआ शायद
उतना हसरत उसकी भी हो।"

44. क़रीब

"कंपकपी ज़िस्म में आ गई थी
जिस पल वो मेरे क़रीब खड़ी थी"

"मेरे दिए लिबास में वो खूबसूरत दिख रही थी
जैसे वो सिर्फ मेरी हो ऐसे दिख रही थी"

"हम अपने तोहफ़े में रंग चुके थे
ये हकीक़त था या आँखें ख्वाब देख रही थी"

"हाथों में हाथ डाले हुए हम
जैसे वो अब मुकम्मल मेरी ही हो चुकी थी"

"उसके शाने पे हाथ रखा तो
हाथ छुड़ा के दूर खड़ी हो गई थी"

"अपनी हसरत पूरी करने को तस्वीर ली हमने
कभी मिलना तो तस्वीर दिखाएंगे तुम्हे अहमद"

45. बात ही कुछ और है

“पूरी दुनिया घूम लिया हूँ
तेरी गली से गुजरने की बात ही कुछ और है”

“बहुत दरगाहों की चादर चूम के आया हूँ
तेरे हाथ चूमने की बात ही कुछ और है”

“लाख सजी हो खूबसूरत महफ़िल तो क्या
महफ़िल में तुम हो तो बात ही कुछ और है”

“तुम सामने हो और प्यार भरी गुफ्तगू हो
ज़िन्दगी में ऐसे पल हो तो बात ही कुछ और है”

“वैसे खीर की तवक्को थी हसरत थी हगे
खैर चाय भी तुम्हारे हाथ की हो तो बात ही कुछ और है”

“मेरे देखने से कोई फ़र्क नहीं पड़ता
तुम मेरी तरफ़ इक दफा देखो तो बात ही कुछ और है”

“तुम कुछ कहो ना कहो फुरकान
फिर भी तुम्हारी बात ही कुछ और है”

46. डर खोने का

"मुझे डर है मैं तुम्हें खो तो नही दूंगा
मैं तुम्हारी हर बात मान लूंगा
लेकिन तुम्हें नाराज़ नही होने दूंगा
मुझे डर है मैं तुम्हे खो तो नही दूंगा"

"क्या मेरे सारे ख्वाब कुचल दोगी
मेरी तमन्नाओं को यूंही अकेला छोड़ दोगी
मुझसे मदद मांगना बंद कर दोगी
क्या मुझे याद करना बंद कर दोगी
मेरी याद मिट जाए ऐसा होने नहीं दूंगा
मुझे डर है मैं तुम्हे खो तो नही दूंगा"

"किसी कीमती सामान की तरह
मैं तुम्हे खोने नही दूंगा
तुम्हारी यादों को संजो के रखूंगा
तुम्हारी निशानियां अपने सबसे करीब रखूंगा
किसी को हाथों से अंगूठी उतारने नही दूंगा
मुझे डर है मैं तुम्हे खो तो नही दूंगा"

"मुझे सताने से क्या मिलता है
मुझे रुलाने से क्या मिलता है

मेरे आंसू जो निकलते हैं
इनका हिसाब कौन देगा
मेरी मोहब्बत ऐसी है की
मैं कभी भी तुम्हे रोने नही दूंगा
मुझे डर है मैं तुम्हे खो तो नही दूंगा"

"जब मेरे जैसी कोई तुम्हारी तारीफ़ करेगा
या तुम किसी और के दिल में बसोगी
जब तुम्हे कोई और प्यार करेगा
तुम्हारे हुस्न पर कोई और शेर कहेगा
तब मुझे याद करके तुम रो तो नहीं दोगी
अपने दिल पे हाथ रखना मैं तुम्हारे दिल में हूं
तुम्हें रोने तो नहीं दूंगा
मुझे डर है मैं तुम्हे खो तो नही दूंगा
मुझे डर है मैं तुम्हे खो तो नही दूंगा"

47. नाम से मोहब्बत

"पहले तो वक्त मिल जाए तो बात करते थे
अब वक्त निकाल कर बात करती हो"

"उसकी एक बूंद खोने से डर लगता है
मानो वो पूरा समंदर ही मेरा हो"

"मैं उसकी तस्वीर ऐसे देख रहा था
मानो वो मेरे से बात कर रही हो"

"मेरा हुस्न से कोई ताल्लुक क्या होगा
जिसे फकत नाम से ही मोहब्बत हो"

"मेरा ही दिल तोड़ कर मेरे लिए दुआ
आखिर सजदे में रो के क्या मांगती हो"

"जब मैं इश्क की ऊकूबत में लेटा हुआ था
तब अपने जाने की ख़बर पहुंचाती हो"

"तुम मुझे कबूल करो या ना करो
तुम फुरकान की हसरत हो ये बात तो जानती हो"

48. हफ़्ते मे गुफ़्तगू

"इक हफ़्ते में इक दिन गुफ्तगू हो
बात भी पूरी न हो अधूरी हो"

"इक दिन तो ठीक है
बाकी हर रोज़ जैसे जाना निकलती हो"

"तुम्हारी खैरियत जानने को बेताब मैं
क्या तुम भी मेरा इंतेज़ार करती हो?
तुम्हारे बनाए नियम तुम्हें मुबारक
तुम क्यों मुझे इतना तकलीफ़ देती हो"

"इक दिन दूर बहुत दूर चला जाऊंगा
अपनी हसरत का क़त्ल कर जाऊंगा
फिर लौट कर कभी नहीं आऊंगा
कभी नहीं आऊंगा ।"

49. उम्र

"उसकी उम्र का खरीदार कोई और था
जब खरीदने के लायक हुआ तो बिक चुका था वो"

"उनके साथ तो दूर उनकी महफ़िल में भी न बैठ सका
उनके साथ जो ज़िन्दगी भर बैठा कोई और था वो"

"वो तुम्हारे हक़ में आने वाली चीजें तुम्हें देगा
कोई मेरी जैसी मोहब्बत तुम्हें नहीं देगा"

"चाँदनी रात हो या बारिश भिगोया करेगी
तुम अकेले बैठ के मुझे याद करती रहोगी"

"कभी तो लौट कर अपने आंगन में आओगी
शायद तब तुम्हें मेरी याद तो आएगी"

"जानता हूँ मोहब्बत ज़िंदा है इमरोज़ है अभी
फ़िर भी वो किसी से कुछ कहती नहीं कभी"

"वफ़ा निभाया उसने जहाँ तक निभा सकती थी
अपने क़रीब बुलाया जहाँ तक बुला सकती थी"

"वो भी मजबूरियों के वबाल तले दबी है
घर में अकेली नहीं वहाँ सभी है"

"मैने महकती ज़ुल्फो से रुख मोड़ लेना मुनासिब समझा
करीब न रह के उससे फासला बनाना मुनासिब समझा"

"तुमसे सफर-ए-मोहब्बत यही तक माना
कभी याद आई तो तुम भी दुआ करना"

"मेरे अंदर की मोहब्बत कभी नहीं मरेगी
मै मर भी गया तो फातिहा पढ़ने आना"

"ये मान लिया तुम मेरी तकदीर में नहीं
मर गया फुरकान वो फुरकान अब नहीं"

"वो हस्ती, खेलती, पलती हसरत-ए-हयात अब नहीं"

50. तेरे साथ

"तेरी याद तेरा ख़्याल ही सही
कोई तो मेरे साथ रहेगा"

"सावन की शाम ना सही
कोई तो इक शाम मेरे साथ रहेगा"

"हर रोज़ न सही किसी इक रोज़ तो
मेरी यादों का हुज़ूम तेरे साथ रहेगा"

"तुझसे क़ुर्बत है तो ख़ुशी है
वरना मेरे साथ तनाजा ही रहेगा"

"मुझसे दामन छुड़ा कर के किधर जाओगी
मेरा वादा तुम्हारे ही साथ रहेगा"

"मेरी जिन्दगी साथ दे या न दे
मेरा हसरत-ए-दिल ज़िन्दगी भर तेरे साथ रहेगा"

"हम अलग हो कर भी नहीं रह पाएंगे फुरकान
शायद ख़्वाबों में हमारा साथ रहेगा"

फुरकान अहमद

51. हसरत-ए-नजर

"इक नज़र मोहब्बत की तेरी
जिसके आसरे में उम्र कटी मेरी"

"क्या पता नज़र-ए-जहां मुझे किस दर्जे में रखता है
तुम किस नज़र से देखती हो ये मायने रखता है"

"तुम एक दफा नज़र-ए-मोहब्बत कर लेती
हालत-ए-ज़िन्दगी क्या है मेरी देख लेती"

"शाम-ओ-शहर मेरे नैन तेरी राह देखते है
तेरी तस्वीर मिले तो तेरी तस्वीर देखते है"

"नहीं मिली मुझे किसी और की हो तुम
फ़िर भी तुम्हें निगाह-ए-मोहब्बत से देखते है"

"तुम कुछ न कह सकी तो क्या हुआ
दिल की बातें आँखो में है आँखों से देखते है"

"मुक़द्दर में नहीं थी इसका अफ़सो क्या करें
तुम्हारी यादें है उनके साथ जी के देखते है"

फुरकान अहमद

"फ़क़त इक हसरत-ए-नज़र के लिए
तरसा है उम्र भर फुरकान"

52. याद कर लिया करो

"याद अपनी रात दिन आने दो
यादों में नागा न किया करो"

"दुनिया से डर लगता है तुम्हें
तो ख़्वाबों में मिलने आया करो"

"ये उदासी चेहरे पे नहीं जचती
तुम हमेशा मुस्कुराया करो"

"फ़राज़ याद करता है मुझे
उससे मेरी बात करा दिया करो"

"मै ही हर रोज़ याद करता रहूँ तुम्हें
तुम भी कभी याद कर लिया करो"

"पूरी रात याद करोगी मुझे
जंगल जाके चाँद देख लिया करो"

"जीने मरने की बात करने लगूं मै
इससे आगे मुझे परेशान न किया करो"

"बहुत चाहत है हसरत है तुम्हारे लिए
उसके लिए कुछ तो वक़्त निकाल लिया करो।"

53. इख्तियार

"मेरी तो मोहब्बत है
तुम भूल जाओ ये इख्तियार है तुम्हे"

"काश मै इतना अमीर हो जाता
तुम्हारे आँसू ख़रीद लेता
ये जो ग़म से उदास हो तुम
सारे ग़म से आज़ाद कर देता तुम्हे
तुम भूल जाओ ये इख्तियार है तुम्हे
मेरी तो मोहब्बत है"

"बहुत दूर जा बसी हो तुम
मेरी शब पे सुकूत का पहरा है
नींद तो आती नहीं और घना अंधेरा है
हर पहर याद करता हूँ मैं तुम्हें
तुम भूल जाओ ये इख्तियार है तुम्हे
मेरी तो मोहब्बत है"

"इक तुम्हारी दीद के लिए बेकरार
कहां कहां पहुंचा कहां कहां देखा
रोजा रख के धूप में तनहा टहला
मुख्तसर सी मोहब्बत नहीं थी तुम्हारे दिल में

मेरी मोहब्बत दिखी ही नहीं तुम्हे
तुम भूल जाओ ये इख्तियार है तुम्हे
मेरी तो मोहब्बत है"

तुम लाख बंदिशों में बंधी हो
मजबूर हो इन बेड़ियों में तुम
परेशानी की इन बेड़ियों को तोड़ के
खुशियों की हसरत से बांध दूँ मैं तुम्हें
फिर भी तुम भूल जाओ ये इख्तियार है तुम्हे
मेरी तो मोहब्बत है

चंद अल्फ़ाज़ चलते हुए

आप सभी पाठकों को सादर नमस्कार और आदाब, मैं फुरकान अहमद इस किताब "हसरत" का लेखक, आप सभी से प्यार की गुंजाइश रखता हूँ, आप सभी को इस किताब के विषय मे कोई टिप्पणी, कोई सुझाव, कोई शिकायत या और कोई भी बात जो आपको लगता है कि सुधार किया जा सकता है जिस पर मुझे कोई नई कोशिश, नई प्रतिक्रिया करनी चाहिए तो आप सभी के mails का दिल से स्वागत करता हूँ।

"हसरत" इस किताब को लिखने के लिए मैंने अपनी ज़िंदगी के हर उस एहसास को छूआ है जिनसे मैं कभी न कभी रुबरु हुआ हूँ। हसरत यह किताब मेरे दिल के बेहद करीब है, या यूं कह सकते है कि मैंने इस किताब मे अपनी ज़िंदगी को लिखा है।

यह किताब मैं अपने पिता श्री नईम अहमद जी और माँ श्रीमती रोशन जहाँ जी को समर्पित करता हूँ, क्योंकि आज मैं जिस भी मुकाम पर हूँ, अपने माता-पिता के आशीर्वाद की वजह से हूँ, मेरे माता पिता ने मुझे हमेशा हौसला दिया, हमेशा मेरा साथ निभाया, आज मेरा जो यह ख्वाब पूरा हुआ है, वो मेरे माता पिता के साथ, विश्वास, और आशीर्वाद का परिणाम है।

आपके प्रतिक्रिया, सुझाव, किसी शिकायत के लिए आप मुझे ahmadfurkan601@gmail.com पर mail भेज कर मुझे अवगत करवा सकते है।

-फुरकान अहमद